D1562757

GENESIS

Por David Rangel
Todos los derechos reservados

www.davidrangel.org

FACILITADOR

Primera edición, Noviembre 2020
Prohibida la reproducción parcial o total de esta publicación
sin la debida autorización por escrito del dueño de los derechos de esta obra.
Impreso en los Estados Unidos de América

INSTRUCCIONES PARA EL FACILITADOR

Primer contacto

Preguntar a la persona que va tomar el estudio Génesis lo qué sabe de los siguientes temas: 1) Dios y su plan; 2) La salvación; 3) Disciplinas espirituales; 4) Obstáculos en su búsqueda de Dios; 5) Espíritu Santo; y 6) Evangelismo.

Luego decirle al persona: "Según lo que usted sabe sobre estos temas, me gustaría compartirle el siguiente estudio, llamado Génesis." La palabra *génesis* viene del hebreo que significa "principio". Por lo tanto, "Génesis" es un estudio en forma de libro de 5 sesiones, cuyo objetivo es ayudarle a iniciar su relación personal con Dios. Génesis es la primera estación del programa Ruta 180. El libro está compuesto por capítulos en donde cada uno incluye el tema, una sección de preguntas de repaso, y una serie de devocionales que le ayudarán en su relación con Dios. Usted entonces leerá un capítulo por semana, contestará las preguntas de repaso, y leerá los devocionales de la semana. Posteriormente se verá conmigo para conversar sobre el capítulo leído y para orar por usted.

Información para el facilitador para las sesiones Génesis:

⇒ Agendar la primera sesión (en persona, por teléfono o por video llamada).
⇒ Definir y respetar la hora acordada para cada sesión (30-60 minutos).
⇒ Pedir a la persona que tomará el estudio Génesis que lea el capitulo acordado para la siguiente sesión y realice las preguntas de repaso.
⇒ Evitar utilizar pasajes bíblicos, temas o material fuera de Génesis.
⇒ Toda pregunta que el facilitador no sepa responder con veracidad, debe consultarla con el pastor y después compartirla con la persona.
⇒ Seguir la agenda de reunión al verse con la persona. La agenda aparece al final de la sección "Preguntas de repaso" en cada capitulo.

Objetivos del facilitador (No leerlos a la persona):

• Orar por el crecimiento de la persona.
• Guiar a la persona a iniciar su relación con Dios.
• Ayudar a la persona a estar activa en las disciplinas espirituales.
• Llevar a la persona a profesar a Cristo como su Salvador.
• Guiar a la persona a bautizarse (si aun no lo ha hecho).

Expectativa y cambio en la persona durante y después de Génesis	
Iniciar su relación con Dios.	Dios comienza a formar parte de su vida.

RUTA 180

Es un programa que lleva a la persona a tener cambios en su vida a través de experiencias que generan una relación con Dios de manera paulatina, relación que se refleja viviendo un discipulado personal, haciendo discípulos, sirviendo en la iglesia y siendo un testimonio social en el mundo. ¡Experimenta un cambio de 180 grados!

Génesis
Es un estudio en el cual la persona inicia su relación personal con Dios.

Crece
Es un curso dinámico y práctico para crecer en su relación personal con Dios.

Experiencia
Es un retiro acompañado de experiencias con la gracia de Dios que le ayudará al participante en su relación con Dios.

D 1 a 1
Es un curso en donde la persona demuestra su relación con Dios al hacer discípulos, servir en la iglesia y ser un testimonio social en el mundo.

Fundamentos
Es un curso que ayuda a solidificar su relación con Dios de manera más profunda.

Renueva
Es el segundo retiro el cual lleva a las personas a renovar su compromiso de estar en relación con Dios.

TABLA DE CONTENIDO

Introducción—5

Capítulo 1
Tema 1: Dios y su plan—6
Preguntas de repaso—10
Devocionales—11

Capítulo 2
Tema 2: La salvación—16
Preguntas de repaso—20
Devocionales—22

Capítulo 3
Tema 3: Disciplinas espirituales—26
Preguntas de repaso—31
Devocionales—32

Capítulo 4
Tema 4: Obstáculos—37
Preguntas de repaso—39
Devocionales—40

Capítulo 5
Tema 5: Espíritu Santo—45
Preguntas de repaso—49
Tema 6: Evangelizar—50
Preguntas de repaso—52
Devocionales—53

Conclusión—57

INTRODUCCION

Bienvenido a *Génesis*, la primera estación del programa Ruta 180. Es un gusto saber que estás leyendo estas líneas y que te sientas interesado en acercarte a Dios. Créeme que no es en vano, ni mucho menos una pérdida de tiempo lo que estás haciendo. En la Biblia encontramos personas comunes como nosotros con dudas, pecados, imperfecciones, y aún enemigas de Dios que iniciaron su relación con él. ¿Cuál fue la clave? -te preguntarás, bueno simplemente que Dios estaba esperándolos.

"Pero, si desde allí buscas al Señor tu Dios con todo tu corazón y con toda tu alma, lo encontrarás." Deuteronomio 4:29 NVI

No conozco tu historia, pero sí te puedo decir que de donde te encuentres en tu vida, puedes buscar a Dios e iniciar una relación con él. Créeme Dios está más que listo para iniciarla contigo, aún más que tú. Él te ama, y desea tener una relación personal contigo como nunca antes; inclusive, tú eres la razón por la que escribimos este material. Te explico, cuando comencé a guiar a otros a iniciar una relación con Dios en mis primeros años en el Evangelio yo era todo un novato en el tema de evangelizar y un total inexperto en enseñar a otros a iniciar su relación con Dios. Sin embargo, con el paso del tiempo, veía como Dios ponía en mi camino gente que estaba lista para iniciar su relación con él, pero no fue sino hasta que como pastor descubrimos que deberíamos crear un programa que de manera práctica, objetiva, amena, simple y relacional sirviera para que otros iniciaran su relación con Dios, en su propio ritmo de vida. Fue así como surgió *Génesis*.

La palabra *Génesis* viene del hebreo que significa "principio". Por lo tanto, *Génesis* es un estudio de 5 sesiones, cuyo objetivo es ayudarte a iniciar tu relación personal con Dios si así tú lo deseas. Te darás cuenta que el libro está compuesto por capítulos en donde cada uno incluye el tema, una sección de preguntas de repaso, y una serie de devocionales que te ayudarán en tu deseo por estar en una relación con Dios. Además, se te asignará una persona para ayudarte en tu búsqueda, la cual estará orando por ti durante el período de *Génesis*.

Así que sin más por el momento, bienvenido otra vez a la primera estación de Ruta 180, *Génesis*. Estamos muy contentos por ti y esperamos que el tiempo que pases de aquí al finalizar este programa marque tu vida y tu historia con Dios.

DIOS Y SU PLAN

A pesar de que desde mi niñez mis padres me motivaban a asistir a la iglesia, llegué a un momento en mi adolescencia en el que comencé a reflexionar sobre quién era Dios y por qué debía conocerle más. La verdad había momentos en los que era tanto la reflexión para un adolescente como yo, que muchas veces tenía que parar y continuar mi reflexión el día siguiente, por supuesto decía yo, es más divertido salir a jugar futbol con mis amigos que causarme yo mismo un dolor de cabeza reflexionando.

La verdad es que no sé en qué etapa te encuentres, si en la adolescencia, juventud, o en la edad adulta, pero independientemente de la etapa en la que estés todos llegamos a ese momento en el que deseamos conocer más a Dios. Así que no es una casualidad o un arranque de curiosidad que en esta etapa estés deseando conocer a Dios, muy seguramente Dios ha tenido algo que ver con esa búsqueda.

Primero lo primero

Fue entonces que seguí buscando de Dios, y aprendí que lo primero que debía reconocer era que Dios es el Creador. Aún y cuando hay muchas teorías sobre la creación, creer que Dios es Creador, es un paso importe en nuestro inicio de búsqueda personal a Dios. Entonces, Dios es creador, y es así como lo describe la Biblia en su primer libro "Génesis" refiriéndose que en el principio creó Dios los cielos y la tierra. Dios es el creador de todo y dentro de todo lo que Dios creó, Dios nos creó a ti y a mí. Sí, no venimos del mono por más que nos gusten las bananas. Dios nos creó, y cuando nos creó lo describió de la siguiente manera:

"Y Dios creó al ser humano a su imagen; lo creó a imagen de Dios. Dios miró todo lo que había hecho, y consideró que era muy bueno."
Génesis 1:27, 31 NVI

Encontramos en Génesis 1 que cuando Dios terminó cada día, dijo que era bueno. Esto significa que no sólo el mundo, sino también los seres humanos fueron considerados una buena creación. Que manera tan especial de parte de Dios de describir a su creación.

El plan

Y como todo creador su obra al ser creada tiene un plan. Nadie crea algo sólo para nada. Aquel que crea una obra de arte, como aquel que crea un aparato electrónico, le da a su creación un plan. Dios hizo su creación y su creación tiene un plan.

"Reconozcan que el Señor es Dios; él nos hizo, y somos suyos. somos su pueblo, ovejas de su prado." Salmo 100:3

El plan del Creador para nosotros según este Salmo es que Dios nos creó para él. Es decir, fuimos creados para estar en relación con el que nos creó; sin embargo, reconocer eso puede llevarnos a dejar pasar años y años. Por eso creo que no es casualidad que estés leyendo este capítulo, Dios como nuestro creador tiene un plan y es estar en relación contigo. Lo que pasa a veces es que nuestra vida se llena de tantos planes que en ocasiones Dios no entra en esos planes. Aun así, Dios continua fiel a su plan porque nos ama. Su amor por nosotros hace que estemos en relación con el no solamente en la tierra sino hasta la eternidad. Que bello plan ¿no crees?

El plan se dañó

Aún cuando el plan de Dios es estar en relación con nosotros, el plan se dañó. En Génesis 3:1-5, 12 leemos, que la serpiente apareció con un plan malvado que hizo hacer caer a Adán y a Eva en el primer pecado de la historia humana, la desobediencia. Pecar es la acción de todo aquello que desagrada a Dios y que trae como consecuencia una separación entre Dios y el ser humano. Piense en una relación de dos personas, cuando una de ellas hace algo que desagrada o va en contra de la otra persona, tal relación es afectada y la conexión que antes tenían cambia. Además de haber pecado y entrar en culpa, la buena relación que Adán y Eva tenían con Dios se vio afectada por el pecado.

El pecado apareció dañando la buena relación que ambos tenían con Dios. El pecado apareció para dañar el plan de Dios. No por nada en el Antiguo Testamento el profeta Isaías dice: "Son sus pecados los que los han separado de Dios." Isaías 59:2.Y en el Nuevo Testamento el apóstol Pablo dice: "Por cuanto todos pecaron, y están destituidos (separados) de la gloria de Dios." Romanos 3:23

Por lo tanto, la inclinación a pecar está enraizada desde el comienzo de la creación, y continúa enraizada en el mundo. Su consecuencia es que no nos permite por iniciativa propia acercarnos al plan de Dios, el cual es que estemos en una relación con él, sino que en muchas ocasiones corremos de Dios y nos alejamos de su plan.

El plan se restaura

Aún y cuando nuestro pecado nos alejó de él y el plan de Dios se dañó, Dios envió a Jesucristo para que a través de él nuestra relación fuera restaurada. Es decir, Jesús vino porque todos pecamos y como consecuencia estábamos separados de Dios. Ese estado de relación roto no era parte del plan de Dios, más bien Dios en su amor restauró su plan por medio de Jesucristo.

"Porque de tal manera amó Dios al mundo, que ha dado a su Hijo unigénito, para que todo aquel que en él cree, no se pierda, más tenga vida eterna". Juan 3:16.

Como ves, no podemos hablar de Dios sin hablar de su amor. Dios en su amor nos creó para estar en relación con él. Y si por nuestra propia decisión y pecado nos alejamos de él, Dios en su amor continúa con su plan. En Mateo 1, el ángel del Señor se le apareció a José y le reveló algo inesperado sobre su esposa María:

"Y darás a luz un hijo, y llamarás su nombre Jesús, porque Él salvará a su pueblo de sus pecados." Mateo 1:21

Entonces, el plan de Dios fue crearnos para estar en relación con él, aunque por causa del pecado nos separamos de él; pero es por medio de Jesucristo que somos salvos del pecado que nos separa de Dios; es por medio de Jesucristo, que el plan de Dios es restaurado y es por medio de Jesucristo que somos salvos de vivir una vida separados de Dios, ahora en Cristo podemos comenzar a tener una relación con Dios.

Arrepentimiento

"Después que Juan fue encarcelado, Jesús vino a Galilea predicando el evangelio del reino de Dios, diciendo: El tiempo se ha cumplido, y el reino de Dios se ha acercado; arrepentíos, y creed en el evangelio." Marcos 1:14-15

La palabra *evangelio* significa buenas noticias, nueva vida, salvación, sanidad, liberación. Hasta aquí sabemos que estábamos separados de Dios por el pecado, y que Dios en un acto de amor envió al Salvador que había prometido. Pero ahora para poder experimentar esta salvación y restauración del plan de Dios, necesitamos aceptar lo que Jesús vino a predicar, el arrepentimiento. La palabra arrepentimiento significa: cambiar de curso. No es sentir pena, sino dejar de hacer aquello que desagrada a Dios o dejar aquello que pone en riesgo tu relación con Dios. En otras palabras, el arrepentimiento es necesario en el plan de Dios.

Conclusión

Hablar sobre Dios es un tema muy largo cuando estamos alejados de él. Pero cuando comenzamos una relación con él descubrimos más a Dios. Sin embargo, eso no significa que cada día no fallaremos, pero si llegáramos a fallar, Dios en su amor seguirá restaurando su plan por medio de su Hijo. Lo único que nos toca hacer en ese momento es arrepentirnos. Entonces, no esperes más; el Creador tiene un plan para ti, el Creador quiere estar en una relación contigo hasta la eternidad, vívela y disfrútala.

Acción

Toma tiempo para reflexionar sobre cada punto de este capítulo y encuentra una acción que tienes que realizar.

Oración

Dios, tú eres mi Creador. Te doy gracias por amarme y acercarte a mí. Te pido que me ayudes a poder descubrir a Jesucristo en mi camino hacia tu plan. En Cristo Jesús, Amen.

PREGUNTAS DE REPASO

1. Según Génesis 1 Dios es:
   a) Sabio   b) Creador   c) Compasivo   d) Paciente

2. ¿Cómo describe Dios a su creación en Génesis 1?
   La describe como buena. Esto significa que no sólo el mundo, sino también los seres humanos fueron considerados una buena creación.

3. De acuerdo a este capítulo, el plan de Dios fue crearnos para:
   a) Estar en relación con él
   b) Vivir la vida sin considerar a Dios
   c) Ir a la iglesia
   d) Disfrutar la creación

4. Según Génesis 3, Isaías 59 y Romanos 3, ¿cómo fue dañado el plan de Dios? Por medio del pecado. Que es la acción de todo aquello que desagrada a Dios y que trae como consecuencia una separación entre Dios y el ser humano.

5. ¿Qué hizo Dios al ser dañado su plan según Juan 3:16 y Mateo 1? Dios envió a Jesucristo para que a través de él nuestra relación fuera restaurada.

6. De acuerdo a este capítulo, Dios envió a su Hijo para:
   a) Restaurar su plan
   b) Mostrar su amor por nosotros
   c) Salvarnos
   d) Todas las respuestas

7. ¿Qué significa la palabra evangelio y arrepentimiento?
   Evangelio significa buenas noticias, nueva vida, salvación, sanidad, liberación y la palabra *arrepentimiento* significa cambiar de curso.

Agenda de reunión

1) **Saludo, breve conversación sobre su semana y oración inicial.**
2) **Explicación general de Ruta 180 (Pg. 3) y resumen de la introducción (Pg. 5).**
3) **Revisar las respuestas de la sección "Preguntas de Repaso."**
4) **Dar un pequeño resumen del tema y responder posibles preguntas.**
5) **Recordatorio sobre leer el siguiente capítulo de este libro, hacer las preguntas de repaso y leer los devocionales de la semana.**
6) **Oración final.**

Lo que Dios quiere hacer en mi

Leer: 1 Crónicas 11:10-47 NVI

Cuando leemos las palabras: "estos son los principales de los valientes de David", no nos imaginamos quiénes eran estos hombres antes de conocer a David. Al leer la historia de estos hombres notaras que algunos de estos hombres eran aquellos hombres afligidos, endeudados, y en amargura de espíritu narrados en 1 Samuel 22.

Quizá nunca imaginaron en lo que se convertirían cada uno de ellos después de haber pasado un tiempo con el rey David y creyendo en Dios. Aflicción, deudas, amargura era lo que tenían estos hombre y aun así se convirtieron en el mejor ejército que el pueblo de Israel pudo haber tenido.

La manera en cómo hoy te ves a ti mismo no es como Dios te ve. Nuestra vista humana distorsionada por lo que nos sucede no nos permite ver lo que Dios quiere hacer. Tú puedes ser algo en Dios cuando tu vista es movida en fe y no obstaculizada por lo que estés pasando. Así que busca tu "David" que te motive a descubrir en Dios lo que puedes ser y cree lo que Dios quiera hacer en tu vida.

Oración

Dios, gracias por creer en mí y ver lo que puedo llegar a ser, ayúdame a moverme en fe y descubrir mi "David" para convertirme en lo que quieres que sea. En Cristo Jesús. Amén.

Notas

_____

_____

_____

¡A contar se ha dicho!

De niño recuerdo que me enseñaron a contar usando el "ábaco", un tipo de contador muy práctico. Mi reacción era tan emocionante y feliz cuando me daba cuenta que la suma era correcta. Jeremías 3:22-23 dice: "Tus misericordias son nuevas cada mañana."

Saber que las misericordias de Dios son nuevas cada mañana es saber que Dios nos bendice cada día. Por lo tanto, antes de dormir comencemos a contar las misericordias de Dios y créeme te sorprenderás de lo bueno que es Dios con nosotros. No hay razón por la cual iniciar cada día con "el pie izquierdo" cuando Dios cada mañana nos bendice.

Te invito a reflexionar en cuáles serían para ti esas misericordias cada mañana.

Oración

Dios, gracias porque ahora sé que cada día puedo ver tu misericordia, ayúdame Dios a contar cada día tus misericordias, y no permitas que las preocupaciones, la rutina o la falta de tiempo eviten que pueda verlas. En Cristo Jesús. Amén.

Notas

_____

_____

_____

_____

Tu Getsemaní

Leer: Lucas 22:39-46

Este es uno de los pasajes más dramáticos que aparecen en la Biblia. Es Jesús, quien a sólo unas horas de ser entregado y crucificado, se encuentra orando, y diciendo: "Padre, si quieres, pasa de mi esta copa; pero no se haga mi voluntad, sino la tuya." Fue en el Getsemaní, en donde Jesús dijo estas palabras, e hizo la voluntad del Padre. No fue fácil hacer la voluntad del Padre, pero el Getsemaní fue testigo de aquella oración que fue clave para hacer la voluntad de Dios. Cuando oramos y le decimos a Dios: "Señor, quiero hacer tu voluntad", Dios agendará un Getsemaní. No será nada fácil hacer la voluntad de Dios, inclusive, esa oración será una de las más difíciles en terminar. Será en ese Getsemaní, en donde será casi imposible continuar haciendo la voluntad de Dios, va ser ahí, en donde tratarás de darte por vencido. Pero, fue ahí en donde Jesús fue fortalecido y en donde tú lo serás. Si buscas hacer la voluntad de Dios, Dios agendará un Getsemaní, y a la vez te fortalecerá para finalmente llevar su voluntad a cabo.

Oración

Dios, ayúdame a hacer tu voluntad, quiero hacerla este día y cada día de mi vida, sé que será difícil, sé que me va costar, pero sé también que me fortalecerás para cumplir tu voluntad, te pido esto en el nombre de Cristo Jesús. Amén.

Notas

_____

_____

_____

_____

Construyendo una vida en Dios
Leer: Salmos 127:1-2

Gente dice que para construir un edificio que pueda resistir el viento, huracanes, o tornados se necesita tener una buena fundación, una buena base. Para esto, los trabajadores tendrán que excavar muy profundo y poner un cimiento, esto hará fuerte la base del edificio para cualquier posible fenómeno natural que viniera.

He escuchado que los momentos más cruciales en la vida son al ser sacudidos por algún desastre o situación que no esperaban llegar. Gente podrá pronosticar cuando los fenómenos naturales llegarán, pero nunca su magnitud de desastre. Hoy en día, parece ser que nuestra vida ha sido construida en base a nuestro conocimiento, hacemos planes de vida, presupuestos, intentamos tener todo bajo control, sin embargo hay alguien que está dispuesto a construir nuestra vida bajo su dirección. Deja que el arquitecto de arquitectos dirija tu hogar, sueños, y planes. Construye tu vida en Dios, excava en lo profundo de su presencia y verás que podrás resistir los más grandes tornados o huracanes que pudieran venir a tu vida.

Oración
Dios, en esta hora te pido que seas tú mi arquitecto, ayúdame a construir mi vida en ti y excavar profundo para conocer tu presencia. En Cristo Jesús. Amén.

Notas

_____

_____

_____

_____

Dios responde

¿Cuántas peticiones no se levantan en nuestra mente semana a semana? Unas de ellas hasta cierto punto ponen en duda nuestra fe al grado de preguntarnos si realmente Dios nos responderá. El salmista dijo: "Con tremendas cosas nos responderás tú en justicia." Salmo 65:5

El salmista sabia en quién confiaba, y no sólo eso sino lo que podía esperar de Dios. Todo creyente firme en Dios sabe que cuando Dios responde lo hace de una manera especial. Por lo tanto, es clave el tiempo de espera que te va a tomar para ver la respuesta a tu petición. En lugar de esperar en duda, temor, e incredulidad espera con expectativa, con fe, creyendo que Dios es un Dios que responde tremendamente. Así que te invito a hacer algo que el pueblo de Israel hacía en su peregrinaje en tierras extranjeras y eso es ¡orar! Sólo cree que Dios te responderá con tremendas cosas.

Oración

Dios, perdóname si en algún momento dude de ti, perdóname si en algún momento no tuve paciencia a tu tiempo. Te pido ahora que me ayudes a confiar en ti y creer que con tremendas cosas responderás a mi oración. En Cristo Jesús. Amén.

Notas

_____

_____

_____

_____

SALVACIÓN

En una ocasión me encontraba caminando por el centro de la ciudad y una persona se me acercó y me preguntó: "¿usted ya es salvo?" La verdad su pregunta me tomó por sorpresa pues para empezar un desconocido de la nada interrumpió mi camino, y segundo, su pregunta fue muy confrontante para no conocernos. Después de platicar por unos minutos, terminamos nuestra conversación y continué mi camino mientras pensaba en su pregunta: "¿usted ya es salvo?"

Uno puede preguntarse, pero ¿de qué o para qué necesito ser salvo?

El propósito de la salvación

El plan de Dios es salvarnos de vivir una eternidad sin él, y lo primero que hace, es introducirnos a su plan de salvación. Esto Dios lo hace de diferentes maneras: quizá en alguna ocasión estabas desesperado pero escuchaste la radio y te encontraste con un sermón que necesitabas oír; o alguna persona sea familiar o amigo te estuvo hablando de Jesucristo e invitando a la iglesia hasta que finalmente aceptaste; o qué decir de esa situación en la vida que nos deja sin esperanza y volteamos a Dios y decidimos buscarlo.

Todos esos medios y además de la música, llamadas de una persona, volantes, Facebook, YouTube, y muchos otros, son medios que Dios usa para introducirnos a su plan de salvación. La sorpresa de muchos es que no se dan cuenta cuando Dios está usando diferentes medios para llamar su atención, e introducirlos a su plan. Llamamos a eso, gracia preveniente.

"Él quiere que todos sean salvos y lleguen a conocer la verdad."
1 Timoteo 2:4 NVI

Dios usa estos medios para que antes de buscar de Dios sepas que Dios ya te estaba buscando, sin embargo, llegará el momento en este plan en el que yo tengo que decidir creer que todos los medios que Dios usó no fue por casualidad, sino que fueron parte del plan de salvación de Dios para mí. Entonces, más que Dios nos salve del infierno, o de quemarnos en el lago de fuego, o de vivir en el lugar oscuro eterno como siempre lo escuchamos, Dios nos está salvando para él. Si, Dios no salva para él. Es decir, Dios quiere estar con nosotros en la eternidad y por amor, no por miedo o por la fuerza es que nosotros respondemos a los medios que él pone en nuestro camino. Y así, en algún punto, el plan te llevara a nada más y nada menos que a iniciar una relación con Dios.

Medios ▶▶▶▶▶▶ Yo (aquí yo respondo)

El momento crucial

Ese momento crucial que vive la persona cuando responde a los diferentes medios que Dios hace para llamar su atención es la justificación y el nuevo nacimiento, o también conocido como: regeneración.

"Con mucha más razón, ahora que ya hemos sido justificados en su sangre, seremos salvados del castigo por medio de él. Porque, si cuando éramos enemigos de Dios fuimos reconciliados con él mediante la muerte de su Hijo, mucho más ahora, que estamos reconciliados, seremos salvados por su vida." Romanos 5:9-10 RVC

Cuando llegamos a ese momento crucial respondemos a Dios profesando nuestra fe en Jesucristo. Esta es una declaración en forma de oración en la cual nos arrepentimos y confesamos a Jesucristo como nuestro Señor y Salvador. Es a través de esta profesión que oramos y le pedimos a Dios que nos perdone tomando todo pecado que nos separaba de él (es decir, la justificación nos hace libres de todo pecado y de toda culpa ante Dios), y nos haga nuevas personas (es decir, el nuevo nacimiento o regeneración que es cuando Dios nos hace nuevas personas, con un nuevo corazón y una nueva naturaleza). Es en este momento crucial cuando la persona experimenta una plena seguridad de su salvación en donde Dios le ha perdonado, quitado toda culpa y ha iniciado un cambio en la vida de ella. A eso llamamos gracia justificadora.

La salvación es un trabajo diario

Por lo tanto, ser salvos es algo presente más que un evento del pasado. Con esto quiero decir que la salvación se trabaja a diario. Una vez más, Dios nos salva para él y a través de estar en una relación con Dios esto se hace posible. Por tal motivo, estar en una relación con Dios no sucede si no hay un trabajo diario. Pues todavía no conozco a alguien que tenga una relación muy cercana con otra persona sin haber trabajado en su relación.

"Ocúpense en su salvación con temor y temblor."
Filipenses 2:12 NVI.

Aún y cuando respondimos en el pasado a los medios que Dios puso en nuestro camino, profesándolo como nuestro Señor y Salvador (en donde experimentamos la justificación y el nuevo nacimiento).

Medios ► ► ► ► ►   Yo ► ► ► ► ►   Justificación

Nuestra tarea ahora deberá ser trabajar en nuestra salvación a diario. Por lo tanto, seguir en esta relación no es un asunto emocional sino muchas veces de disciplina. Pues habrá cosas que se meterán en nuestro camino que nos desviaran de trabajar en nuestra salvación a diario, recuerda que para tener una relación cercana con otra persona esto requiere trabajo diario.

La salvación se demuestra

Fue una mañana como cualquier día en la oficina de la iglesia, cuando un indigente entró y pidió ayuda. Sus palabras fueron: "he ido a las demás iglesias de la comunidad pero nadie me ayudó." Le dije que no se preocupara, que le daría una bolsa de suministros, y que lo sentía por no haber recibido ayuda de las otras iglesias hermanas, a lo que me respondió: "pastor ¿qué hacemos con ese pasaje de Santiago?

"Tú tienes fe, y yo tengo obras. Muéstrame tu fe sin tus obras, y yo te mostraré mi fe por mis obras." Santiago 2:18

Si decimos que estamos trabajando en nuestra salvación día a día, tenemos que demostrarlo con hechos. Es decir, nuestras acciones, nuestro testimonio, y nuestra forma de ser, deben reflejar que no somos las mismas personas que antes, sino que un cambio ha ocurrido gracias a nuestra relación con Dios. Por lo tanto, nuestra relación diaria con Dios y el trabajo constante en nuestra salvación tiene que mostrarse dentro y fuera de la iglesia.

Medios ►►► Yo ►►► Justificación ►►► Obras

Conclusión

¿Recuerdas la pregunta que me hizo aquel extraño en el centro de la ciudad? "¿usted ya es salvo?" La verdad es que la salvación no es solamente una pequeña oración en medio del centro de la ciudad y teniendo como música de fondo el ruido de los autos, sino va más allá, la salvación es un proceso de toda la vida. Este proceso involucra el plan de Dios, el cual va acompañado por medios que él usa para llamar nuestra atención, hasta que finalmente respondamos a su invitación de venir a él y profesarlo como nuestro Señor y Salvador; en donde experimentamos la justificación y el nuevo nacimiento. Es en ese momento en el que nace en nosotros una nueva persona, la cual enseguida, tendrá que demostrar con hechos la salvación. Por lo que, es nuestro deber diario trabajar en nuestra salvación, pues finalmente Dios desea salvarnos para él, esto es, estar en relación con él hasta la eternidad.

Acción

Toma tiempo en este momento para hacer la oración que aparece abajo y profesar tu fe en Cristo (si no lo has hecho) y así iniciar tu relación con Dios. Después, busca maneras de nutrir tu relación con Dios para demostrar con hechos la obra de salvación que Dios está haciendo en ti. Si no has sido bautizado, esta es una excelente oportunidad para hacerlo, y si ya lo hiciste, puedes renovar tu voto bautismal.

Oración-Profesión de fe

Dios hoy vengo delante de ti, reconociendo que deseas tener una relación conmigo y sé que este es mi tiempo. Me arrepiento de mis faltas, y todo aquello que me aleja de ti. Jesucristo, creo con todo mi corazón que eres el Hijo de Dios y viniste a salvarme. Te confieso como mi único Señor y Salvador. Gracias Dios por tu amor eterno, en Cristo Jesús. Amén.

PREGUNTAS DE REPASO

1. Cuando hablamos de salvación ¿cuál es el plan de Dios?
El plan de Dios es salvarnos de vivir una eternidad sin él.

2. ¿Cuáles medios Dios usó, o cuáles medios Dios ha estado utilizando para introducirte a su plan de salvación, el cual es estar en relación con Él? La radio, alguna situación en la vida, una invitación a la iglesia por medio de un conocido, llamadas de una persona, volantes, redes sociales.

3. ¿Qué relación tiene 1 Timoteo 2:4 con la salvación?
Dios quiere que todos seamos salvos.

4. ¿Qué es la profesión de fe?
Es una declaración en forma de oración en la cual nos arrepentimos y confesamos a Jesucristo como nuestro Señor y Salvador.

5. ¿Qué papel juega la justificación y el nuevo nacimiento/regeneración en la salvación?
La justificación nos hace libres de todo pecado y culpa ante Dios, mientras que el nuevo nacimiento o regeneración es cuando Dios nos hace nuevas personas, con un nuevo corazón y una nueva naturaleza. Es en este momento crucial cuando la persona experimenta una plena seguridad de su salvación.

6. La salvación es:
   a) Sólo una oración y algo del pasado
   b) Un proceso

7. Según Filipenses 2:12 ¿qué tengo que hacer?
   Nuestra tarea ahora deberá ser trabajar en nuestra salvación a diario.

8. ¿Qué cosas tienes que vencer diariamente para poder trabajar en tu salvación y en tu relación con Dios diariamente?
   Tentaciones, indiferencia, falta de tiempo, entre otras.

9. ¿De qué maneras podemos reflejar nuestra salvación?
   Por medio de nuestras acciones, testimonio, y nuestra forma de ser.

10. ¿Ya fuiste bautizado? Si, No. ¿Cuándo?

_____

_____

Agenda de reunión
1) **Saludo, breve conversación sobre su semana y oración inicial.**
2) **Revisar las respuestas de la sección "Preguntas de Repaso."**
3) **Dar un pequeño resumen del tema y responder posibles preguntas.**
4) **Recordatorio sobre leer el siguiente capítulo de este libro, hacer las preguntas de repaso y leer los devocionales de la semana.**
5) **Oración final.**

DEVOCIONALES SEMANALES
Lee un devocional por día esta semana

¿Cómo usas el tiempo?

El Salmo 90:10 dice: "los días de nuestra edad son setenta años." Este es un promedio de vida. Contándolo en días, son 25550, y en horas son 413200. Desde el momento en que naces, el cronómetro de la vida empieza la cuenta hasta agotar cada uno de tus minutos, horas, días y años. Alguna vez leí en un libro que "el tiempo es totalmente perecedero y no se puede almacenar" y que "es totalmente irremplazable." El tiempo es un recurso no discriminatorio, es decir, Dios nos da a todos la misma cantidad de tiempo cada día. Así que usa el tiempo para disfrutar de la vida pero también para acercarte a Dios.

Oración

Dios, hay tantas distracciones en la vida que me pueden llevar a usar mi tiempo equivocadamente, pero ahora te pido que me ayudes a ser sabio y usar mi tiempo en acercarme a ti y disfrutar de la vida que me das. En Cristo Jesús te lo pido. Amén.

Notas

_____

_____

_____

_____

Oren hasta que los cielos se abran

Hay una historia en la Biblia de un hombre llamado Daniel, quien si no hubiera perseverado veinte días en ayuno y oración, quizá no hubiera recibido la manifestación divina. Igual, de otro personaje llamado Elías que si se hubiera cansado cuando empezó a orar para que descendiera fuego del cielo, de seguro no se habría visto el milagro de Dios. Cuántas veces hemos perdido bendiciones y respuestas de Dios a nuestra vida, ministerio, familia, iglesias porque bajamos los brazos y nos tiramos al suelo.

Tesalonicenses 5:17, dice: "Orad sin cesar."

Lo cual significa, orar sin desmayar, orar constantemente, continuamente. Aunque los cielos parecieran que se cierran en lugar de abrirse, continúa orando hasta que se abran. Esa es la invitación del apóstol Pablo para cada uno de nosotros hoy día. ¡Oremos, oremos, y no dejemos de orar!

Oración

Dios, ahora que estoy trabajando día a día en mi salvación te pido que me ayudes a orar, y orar y seguir orando; no desmayar, sino orar constantemente y continuamente. En Cristo Jesús. Amén.

Notas

_____

_____

_____

_____

Paciencia

Leer: 2 Pedro 3:15

Quizás has escuchado frases como: "¡Se paciente! ¡No te desesperes! ¡Tranquilízate!" Estas son algunas frases que seguramente has escuchado y te han hecho salir de tus casillas, y es que la verdad Dios es más paciente con nosotros de lo que nosotros somos con nosotros mismos. Creemos que si caemos es porque no hemos nacido de nuevo; si tropezamos en la vida es porque no nos hemos convertido realmente; si nos enojamos o dudamos es porque somos malos y nuestra entrega a Dios fue en vano. Si alguna vez te ha pasado esto recuerda: "el que comenzó tan buena obra en ustedes la ira perfeccionando hasta el día de Cristo Jesús." Filipenses 1:16 ¡Así es! La paciencia de Dios es grande al igual que su amor, y es ese amor es el que nos da la confianza de continuar en esta carrera de la vida y atravesar cada obstáculo, sin importar cuánto tardemos en cada uno o sin importar que caigamos. ¡Levantemos y esforcemos por continuar!

Oración

Dios, gracias por ser tan paciente conmigo, aún más de lo que yo soy conmigo mismo; gracias por tu amor que me da la confianza de continuar en mi salvación, sólo te pido que me ayudes a levantarme para continuar cada día. En Cristo Jesús. Amén.

Notas

_____

_____

_____

_____

Llénate de valentía

Leer: Josué 1:9

Subirse a una montaña rusa, volar en un avión, o aun pasear sobre una lancha a la orilla del mar, son ejemplos que para muchos requieren de valor. La valentía no es algo que se adquiere por mostrar sus agallas, sino por ponerla a prueba y darse cuenta que se adquiere al confrontar nuestros miedos, fracasos, caídas o derrotas. La Escritura dice: "siete veces cae el justo y vuelve a levantarse." Es decir, siete veces caes, entonces levántate las siete veces. Le preguntaba un pequeño a su padre –papá ¿por qué nos caemos? -el padre le responde: para levantarnos. Muchas veces no queremos intentar nuevas cosas por miedo al fracaso o a la derrota, pero para todo se requiere valentía, que en su definición es esfuerzo, vigor y decisión. Así que en todo lo que hagas, o emprendas asegúrate de que estos ingredientes estén presentes.

Oración

Dios, te pido que tú seas quien esté conmigo cada día de mi vida, que me des fuerza, vigor, y decisión para ser valiente y levantarme aun ante los fracasos de la vida. En Cristo Jesús. Amén.

Notas

_____

_____

_____

_____

Discípulos de Cristo
Leer: Mateo 8:23

Hace varios años tuve la oportunidad de estar en otro país conocido por sus bajas temperaturas en invierno. Al caminar sobre la nieve pude ver a gente corriendo y otra poca caminando sobre la nieve, pero de pronto mi vista se volvió hacia un pequeño que parecía estar perdido en medio de ese tumulto de gente, al verlo por unos minutos me parecía extraño observar que el niño realmente no parecía estar perdido sino siguiendo las pisadas que su papa estaba dejando para él. En otras palabras estaba siendo un seguidor.
Si se había preguntado lo que es ser un discípulo de Cristo, en este ejemplo podrá notar lo que es; un seguidor. Una vez que abrimos nuestro corazón a él, nos esforzamos por seguir sus caminos, tratamos de comportarnos como él y ser un seguidor de él. En este momento te quiero invitar a seguir las pisadas de nuestro Señor, y caminar a la par de él en tu vida diaria.
¡Seamos Discípulos de Cristo, seguidores de él!

Oración
Dios, enséñame a ser un discípulo de Cristo y ayúdame a comprometerme a seguir sus pisadas y a aprender de él. En Cristo Jesús. Amén.

Notas

_____

_____

_____

DISCIPLINAS ESPIRITUALES
Recuerdo cuando inicié mi relación con Dios, fue maravilloso. Me emocionaba conocer más de Dios, escuchar predicaciones, escuchar gente orar con tanta seguridad y fluidez, y me preguntaba ¿Cómo le hacen para saber tanto? ¿Cómo es que oran tan bonito? ¿Te ha pasado? Pues déjame presentarte las disciplinas espirituales, estas te ayudarán a mantenerte en forma en tu relación con Dios ¿estás listo para conocerlas?

26

1. Oración

La primera disciplina espiritual que conocerás es la oración. Orar es hablar con Dios, así de sencillo. La misma comunicación que tienes con una persona conocida tú la puedes tener con Dios. Orar no es meramente hacer repeticiones, sino más bien palabras que desarrollen una conversación con Dios. Tú puedes orar a Dios en cualquier lugar y en cualquier momento, puede ser en tu casa, en tu automóvil, en un momento difícil, o en un momento de felicidad, pero todo lo que ores pídelo en el nombre de Jesús.

"Hasta ahora no han pedido nada en mi nombre. Pidan y recibirán, para que su alegría sea completa." Juan 16:24 NVI

Te preguntaras entonces ¿cómo inicio una oración? ¿qué digo en medio y al final de la oración? Bueno, permíteme y te muestro un modelo de oración que es muy sencillo y que estoy seguro que te ayudará.

Agradecimiento: es la parte de la oración donde mencionas las cosas por las que estas agradecido con Dios.

Confesión: en esta parte tomas el tiempo para meditar en las cosas que sabes que no fueron buenas ante Dios, después se las confiesas a él, te arrepientes de ellas y pides perdón a Dios, en el nombre de Jesús.

Súplica: esta parte es la que estoy seguro has utilizado más, bueno todos lo hacemos. Aquí simplemente pides a Dios por tus necesidades o las de otros, poniendo todo en sus manos y pidiendo su voluntad en todo.

Recuerda que Dios conoce nuestras intenciones al orar, no te preocupes si se te trabas, o sientes que se te olvidó orar por algo, lo más importante es no olvidar terminar tu oración diciendo: "en el nombre de Jesús. Amén."

2. Biblia

"Toda la Escritura es inspirada por Dios y útil para enseñar, para reprender, para corregir y para instruir en la justicia."
2 Timoteo 3:16 NVI

Sabes, Dios inspiró a cada autor para escribir cada libro de lo que hoy conocemos como la Biblia. Esto con la finalidad de leerla, meditar en ella, conocer a Dios y ayudarte a mantenerte en forma en tu relación con él. La Biblia la puedes leer impresa pero también en tu teléfono inteligente, tableta, etc. Lo más importante es que la leas regularmente, no importa sea en tu automóvil, casa, iglesia, lee la Biblia.

Cuando leas la Biblia te invito a que respondas a estas preguntas las cuales te ayudarán muchísimo:
¿De qué se trata el pasaje bíblico?
¿Cómo aparece Dios en el pasaje?
¿Cómo se aplica a mi vida o qué acciones me reta hacer?

3. Ayunar

Esta disciplina espiritual es una de las cuales para muchos es difícil de hacer, y te confieso yo soy uno de esos muchos.

El ayuno es abstenerse o dejar algo de lo que dependemos para depender de la intervención de Dios en un asunto especifico. El ayuno puede ser por períodos de 1 día, 12hrs o hasta un mes como lo hizo Cristo. En la Biblia encontramos que la gente ayunaba porque buscaba la intervención de Dios en un asunto personal o grupal. Jesús nos dio el ejemplo de ayunar, no para que la gente nos tenga por espirituales sino porque a través del ayuno podemos recibir de Dios.

"Cuando ayunen, no pongan cara triste como hacen los hipócritas, que demudan sus rostros para mostrar que están ayunando. Les aseguro que estos ya han obtenido toda su recompensa. Pero tú, cuando ayunes, perfúmate la cabeza y lávate la cara para que no sea evidente ante los demás que estás ayunando, sino sólo ante tu Padre, que está en lo secreto; y tu Padre, que ve lo que se hace en secreto, te recompensará."
Mateo 6:16-18 NVI

4. Congregarse

"Para que todos sean uno. Padre, así como tú estás en mí y yo en ti, permite que ellos también estén en nosotros, para que el mundo crea que tú me has enviado. Yo les he dado la gloria que me diste, para que sean uno, así como nosotros somos uno." Juan 17:21-22 NVI

La expectativa de Dios para nosotros es que cada uno de ellos se congregue. Por eso es sumamente importante esta disciplina espiritual. Dios espera que ahora que has iniciado una relación con él te unas a la iglesia y estés en unidad con otros.

"No dejemos de congregarnos, como acostumbran hacerlo algunos, sino animémonos unos a otros, y con mayor razón ahora que vemos que aquel día se acerca." Hebreos 10:25 NVI

El autor de a la carta a los Hebreos habla de no caer en la costumbre de dejar de reunirse. Hay personas que dejan de reunirse no por emergencias o necesidades, sino por desidia o malas costumbres. Se puede congregar para alabar a Dios cada domingo a través de los grupos de estudio bíblico o por medio de la escuela dominical (según lo que ofrezca la iglesia). Nos reunimos para alabar a Dios, aprender de la Biblia, conocer gente nueva, tener el apoyo de otros y testificar al mundo.

5. Contribuciones: Diezmo y ofrenda

Este tema puede ser muy controversial, probablemente has escuchado de líderes espirituales que condicionan la obra de Dios según lo mucho o poco que la gente ofrende, pero permíteme mostrarte lo que dice la Biblia respecto a esta disciplina.

"Traigan íntegro el diezmo para los fondos del templo, y así habrá alimento en mi casa. Pruébenme en esto —dice el Señor Todopoderoso—, y vean si no abro las compuertas del cielo y derramo sobre ustedes bendición hasta que sobreabunde." Malaquías 3:10 NVI

La palabra *diezmo* significa simplemente la décima parte. Esta disciplina espiritual consiste en ofrecerle a Dios la décima parte de tus ingresos. La ofrenda es un acto voluntario en agradecimiento a Dios. El diezmo y ofrendas son dádivas para el sostenimiento de la iglesia y demuestran nuestra madurez espiritual.

Conclusión

Como puedes ver, estas disciplinas espirituales te ayudarán a mantenerte en forma en tu relación con Dios; sin embargo, como toda disciplina requiere tiempo y dedicación, no te desesperes, se paciente, pero mantén regularidad en cada disciplina. Así que no esperes más y pon en acción cada una de ellas.

Acción

Toma tiempo para poner en acción las disciplinas espirituales orando una vez por semana y leyendo uno de los evangelios: Mateo, Marcos, Lucas o Juan durante el mes (de preferencia que sea Marcos). Al leer el evangelio responde estas preguntas:

¿De qué se trata el pasaje bíblico?
¿Cómo aparece Dios en el pasaje?
¿Cómo se aplica a mi vida o qué acciones me reta hacer?

También te invito a meditar en el ayuno, a congregarte y dar tus contribuciones.

Oración

Señor, te pido que me ayudes a llevar acabo cada una de estas disciplinas espirituales, dame paciencia y perseverancia. Hoy me comprometo a poner todo de mi parte para orar, leer la Biblia, ayunar, congregarme, y dar mis contribuciones. En el nombre de Jesús. Amen.

PREGUNTAS DE REPASO

1. ¿Qué es orar?
Es hablar con Dios.

2. Según 2 Timoteo 3:16, la Biblia fue inspirada por Dios para:
Enseñar, para reprender, para corregir y para instruir en la justicia.

3. Completa la frase. El ayuno es:
abstenerse o dejar algo de lo que dependemos para depender de la intervención de Dios en un asunto especifico.

4. Según Juan 17:21-22, subraya lo que Dios espera de nosotros:
a) Perseverancia
b) Unidad
c) Servicio
d) todas las respuestas

5. ¿En qué consiste el diezmo y la ofrenda?
El diezmo consiste en ofrecerle a Dios la décima parte de los ingresos. La ofrenda es un acto voluntario en agradecimiento a Dios. El diezmo y las ofrendas son dádivas para el sostenimiento de la iglesia y demuestran nuestra madurez espiritual.

6. ¿Cuál disciplina espiritual piensas que es más difícil de hacer y por qué?

_____

_____

Agenda de reunión
1) **Saludo, breve conversación sobre su semana y oración inicial.**
2) **Revisar las respuestas de la sección "Preguntas de Repaso."**
3) **Dar un pequeño resumen del tema y responder posibles preguntas.**
4) **Recordatorio sobre leer el siguiente capítulo de este libro, hacer las preguntas de repaso y leer los devocionales de la semana.**
5) **Oración final.**

DEVOCIONALES SEMANALES

Lee un devocional por día esta semana

Corre hacia Dios

Leer: Salmo 62:1-8

Muchas veces aparecen días en nuestra vida en donde pareciera que todo lo que hacemos nos sale mal. Seguramente tú sabes a lo que me refiero. La frustración visita tu vida, la tristeza invade tu alma, la falta de confianza en ti mismo es tu compañero, pero tenemos que recordar que Dios conoce nuestras luchas y él es nuestro refugio. Cuanto más solo te sientas en esta vida recuerda que Dios es tu refugio. Inicia tu día como el salmista inició este salmo, declarando su seguridad en Dios. Esperemos en Dios en todo tiempo, aún y en los momentos más difíciles, derramemos nuestros corazones delante de él; cuando sientas que los problemas vienen hacia ti corre hacia Dios, él es nuestro refugio. Recuerda que hay una garantía de que sus puertas permanecerán abiertas para cada uno de nosotros si deseamos albergarnos en él.

Oración

Dios, en este día hago un compromiso de correr hacia ti cuando haya frustración, tristeza, o problemas en mi vida. Sé que tú eres mi refugio y espero en ti. En Cristo Jesús. Amén.

Notas

_____

_____

_____

_____

Dios, una prioridad
Leer: Eclesiastés 3:1

Vivimos en un mundo tan agitado donde el tiempo es nuestro peor enemigo. El trabajo, la escuela, la familia, y los compromisos personales son parte del menú del día. Quizá puedes pensar, entre más cosas hagas en el día más organizado eres. La gente hoy en día no quiere perder tiempo, quiere aprovecharlo. No hay nada de malo con eso. Lo malo está cuando vemos nuestra agenda y Dios no es parte de ella. La Escritura dice: "Todo tiene su tiempo." Si Dios nos ha dado el regalo del tiempo es porque vio que tenemos la capacidad de manejarlo sabiamente.

Evaluemos nuestras prioridades, Dios quiere estar al frente de ellas. No busques un espacio para Dios, simplemente hazlo.

Oración
Dios, quiero hacer un compromiso en este momento de colocarte en el principio de mis prioridades, haré uso de las disciplinas espirituales como parte de ese compromiso, ayúdame a lograrlo. En Cristo Jesús. Amén.

Notas

_____

_____

_____

_____

¿Qué hare con el Libro?

Leer: Nehemías 8:2-9

Esdras como líder religioso del pueblo, tomó el libro y lo leyó frente al pueblo. ¿Qué de relevante tiene esto? dirás tú. Es relevante porque el pueblo de Dios había regresado de la cautividad en Persia y no habían tenido el derecho de reunirse como pueblo para la lectura de la ley (posiblemente aquí se refiere a los primeros 5 libros de la Biblia). Por muchos años el pueblo vivió alejado de la ley de Dios, y cuando la oyeron por parte de Esdras no pudieron resistirse a llorar. Además el pueblo estuvo atento al oír las palabras del libro. Sin duda estos versículos confrontan la actitud en la que leemos las Escrituras, creemos que por el hecho de tenerlas con nosotros tenemos el derecho de leerlas o no leerlas, de llevarlas con nosotros al templo o no, de esperar que Dios nos hable a través de ellas o no. Sin embargo, cuando vemos las Escrituras como un medio a través del cual Dios habla, seguramente lloraremos por la manera que hablarán a nosotros. Además, al estar atento a cada palabra que hay en ellas, nos daremos cuenta que hay un mensaje de Dios para nuestra vida.

No minimicemos el hecho de tener la Biblia en nuestras manos, si te dijera que las palabras de Dios están en las páginas de la Biblia, ¿qué harías con ella?

Oración

Dios, ahora entiendo que tú me puedes hablar a través de la Biblia, ayúdame a entender lo que me quieras decir al leerla. Me comprometo a leer la Biblia cada día. En el nombre de Jesús. Amén.

Notas

_____

_____

_____

Alabando a Dios

Leer: Salmos 63: 1-8

Aproximadamente a la 1:00pm de un día domingo, alguien se levanta en el tiempo de testimonios diciendo: "yo alabo al Señor porque él es bueno y hasta aquí él ha estado conmigo." No importa que tan grande sea tu agradecimiento a Dios, lo importante es expresarlo. Cuando la gente expresa lo que El hace por ellos en forma de alabanza, otros tarde que temprano comienzan a conocer sobre lo bueno y grande que es Dios. Hoy en día nuestra responsabilidad es expresar a otros lo que Dios está haciendo en nuestras vidas. No desmayes, alaba a Dios por lo que tienes y aún por lo que no tienes. A nosotros no nos queda preguntar, sino expresar lo que él está haciendo. Que nuestras acciones y carácter sea una melodía afinada para alabar a Dios. Te invito a vivir agradecido y alabando a Dios por todo.

Oración

Dios, si tal vez antes no me había detenido en mi vida para expresarte mi agradecimiento por todo lo que has hecho, perdóname. En este momento te agradezco por mi vida, por lo que tengo y aun por lo que no tengo, gracias Señor. En Cristo Jesús. Amén.

Notas

_____

_____

_____

_____

Dios es bueno conmigo

Leer: Salmos 13:5-6

El salmista esta consiente que Dios le ha hecho bien, y por ese motivo su corazón estaba alegre. Era tanto la alegría de esta persona que lo demostraba cantando. Si te pones a pensar te darás cuenta que Dios también a ti te ha hecho bien. Solo basta contar las diferentes bendiciones que Dios nos da día a día. Es cierto, no tenemos lo que queremos, pero al menos tenemos lo necesario para la vida. Dios es bueno con nosotros y lo mejor de todo es que lo seguirá siendo. Toma tiempo y ve las maneras que Dios ha sido bueno contigo y después exprésaselo.

Oración

Señor, ayúdame a contar las muchas maneras que tú me haces bien. Ayúdame a expresar en mi propia manera lo bueno que eres conmigo. En Cristo Jesús. Amen.

Notas

_____

_____

_____

_____

OBSTACULOS

A este punto de tu vida en Dios, seguramente has experimentado cosas muy agradables, pero lamento decirte que no todo es color de rosa. En tu vida con Dios enfrentarás obstáculos, cosas que te querrán desviar de él, situaciones que tal vez no buscaste, pero querrán interrumpir tu caminar con Dios y tu crecimiento espiritual; es importante que pongas atención, porque estos obstáculos se presentarán a tu vida (sino es que ya están presentes). Estos obstáculos pueden ser: distracciones, desánimo, tentaciones, entre otros. Así que cuando sientas que hay algo que no te permite orar, leer la Biblia, ir a la iglesia y todo lo que tenga que ver con Dios, presta mucha atención, puede ser un obstáculo.

El ejemplo de Jesús

Los obstáculos no son nada divertidos, pero no te preocupes el Señor Jesús conoce perfectamente ese tipo de situaciones, mira esta historia:

"Jesús, lleno del Espíritu Santo, volvió del Jordán y fue llevado por el Espíritu al desierto. Allí estuvo cuarenta días y fue tentado por el diablo. No comió nada durante esos días, pasados los cuales tuvo hambre. —Si eres el Hijo de Dios —le propuso el diablo—, dile a esta piedra que se convierta en pan. Jesús le respondió: —Escrito está: "No sólo de pan vive el hombre". Entonces el diablo lo llevó a un lugar alto y le mostró en un instante todos los reinos del mundo. —Sobre estos reinos y todo su esplendor —le dijo—, te daré la autoridad, porque a mí me ha sido entregada, y puedo dársela a quien yo quiera. Así que, si me adoras, todo será tuyo. Jesús le contestó: —Escrito está: "Adora al Señor tu Dios y sírvele solamente a él". El diablo lo llevó luego a Jerusalén e hizo que se pusiera de pie en la parte más alta del templo, y le dijo: —Si eres el Hijo de Dios, ¡tírate de aquí! Pues escrito está:» "Ordenará que sus ángeles te cuiden. Te sostendrán en sus manos. para que no tropieces con piedra alguna"». —También está escrito: "No pongas a prueba al Señor tu Dios" —le replicó Jesús. Así que el diablo, habiendo agotado todo recurso de tentación, lo dejó hasta otra oportunidad." Lucas 4:1-13 NVI

En estos versículos vemos que el Diablo quiso sembrar la duda en Jesús de si él era el verdadero Hijo de Dios. Así comenzó a poner pensamientos en él para que dudara de su identidad. Después, Jesús fue tentado para romper con la dependencia de Dios, pues estando ayunando muy seguramente sentía hambre. Además, sabiendo que Dios es el único digno de adorar, el Diablo quiso tentar a Cristo pidiéndole que le adorara a cambio de algo que ni siquiera le pertenecía. Por último, el Diablo intentó que Jesús pusiera a prueba, y en vano, la protección de Dios; incluso, utilizó el Salmo 91 para tentarle ¡que obstáculos, no crees!

¿Qué hacer ante los obstáculos?

Como podrás ver, Jesús conoce y sabe lo que son los obstáculos pues el mismo los vivió, sin embargo, eso no lo detuvo de seguir adelante con su misión en la tierra. Tal vez pienses "pero yo no soy Jesús." En cierto, pero si hay algo que puedes hacer cuando vengan los obstáculos que el enemigo te ponga enfrente.

"Así que sométanse a Dios. Resistan al diablo, y él huirá de ustedes."
Santiago 4:7 NVI

La palabra resistir en el griego también significa "ponerse en contra u oponerse" Así que cuando vengan los obstáculos, resiste, ponte en contra y oponte a esas cosas que quieren desviarte de Dios y de las cosas de Dios. Resiste porque esos obstáculos se irán de tu vida, ten fe y lo verás.

Conclusión

Los obstáculos son parte de la vida, todo aquel que sigue a Cristo en un momento en su vida con Dios experimentará al menos un obstáculo, pero aun y cuando los obstáculos tienen como objetivo interrumpir nuestro caminar con Dios, desviarnos de él y hacernos caer, piensa más bien en que cada obstáculo significa una victoria si resistes, si te opones a ellos ¡ánimo! Dios está contigo.

Acción

Toma tiempo para meditar en lo que has aprendido en los puntos de este capítulo y medita en cómo has actuado ante los obstáculos y cómo lo harás de ahora en adelante.

Oración

Señor, tú conoces los obstáculos por los que estoy pasando o pasaré, ayúdame a resistir, a oponerme y poder vencerlos. Me pongo en tus manos, en el nombre de Jesús. Amén.

PREGUNTAS DE REPASO

1. ¿En referencia a los obstáculos, en qué momentos de mi vida debo prestar atención?
   - a) Cuando me sienta feliz y contento
   - b) <u>Cuando algo no me permita orar, leer la biblia, ir a la iglesia y todo lo que tenga que ver con Dios</u>
   - c) Cuando esté trabajando y pensando en mi familia

2. ¿Qué te enseña el ejemplo de Jesús?
<u>Jesús conoce y sabe lo que son los obstáculos pues el mismo los vivió, sin embargo, eso no lo detuvo con su misión en la tierra.</u>

3. ¿Qué otro significado tiene la palabra *resistir* que se encuentra en Santiago 4:7?
<u>Significa "ponerse en contra u oponerse"</u>

4. ¿Qué me invita a hacer este capítulo?

_____

_____

Agenda de reunión
1) **Saludo, breve conversación sobre su semana y oración inicial.**
2) **Revisar las respuestas de la sección "Preguntas de Repaso."**
3) **Dar un pequeño resumen del tema y responder posibles preguntas.**
4) **Recordatorio sobre leer el siguiente capítulo de este libro, hacer las preguntas de repaso y leer los devocionales de la semana.**
5) **Oración final.**

DEVOCIONALES SEMANALES
Lee un devocional por día esta semana

Gratitud
Efesios 5:20 dice: "dando siempre gracias por todo, en el nombre de nuestro Señor Jesucristo."

A menudo agradecemos a Dios cuando alguien de la familia cumple un año más de vida, cuando la provisión de Dios es manifiesta en una situación de escases, o por la sanidad hecha durante un tiempo de enfermedad. Estas son tan sólo algunas maneras en las que podemos expresar gratitud a Dios por algo que él ha hecho en nosotros. Una vez alguien me dijo: "sabe hermano, disfruto el tiempo de testimonios, pero más disfruto cuando en el testimonio de la persona existe agradecimiento a Dios por sólo ser Dios." Muchos olvidamos que a Dios le gusta escuchar de nosotros la palabra "gracias". Gratitud, es simplemente reconocer a tu Dador en tu vida.

El apóstol Pablo nos reta a dar siempre gracias a Dios, sea que las cosas salgan bien o no, aunque los planes no se den, sea que te sientas contento o no, no dejes de dar gracias a Dios.

Recuerda, vivamos simplemente agradecidos.

Oración
Dios, te agradezco por todas las cosas que tengo y no tengo, gracias por estar presente en mi vida aún y cuando pueda haber obstáculos. Pero ayúdame a ser agradecido cada día, no sólo hoy. En Cristo Jesús. Amén.

Notas

_____

_____

_____

Plantados en Dios
Leer: Isaías 61:3

Un buen fruto proviene de un árbol sano. No tiene sentido que un árbol produzca buen fruto si el árbol no recibe el cuidado del jardinero. Es vital que el jardinero tenga cuidado del árbol para que el producto del mismo sea bueno.
En nuestro caminar diario buscamos que nuestra vida este plantada en Dios, buscamos dar buenos frutos en cada aspecto de nuestra vida. Qué triste sería que en esta vida que Dios nos ha prestado los frutos que produzcamos no sean buenos. Es tiempo que como arboles de justicia y plantío de Dios regresemos a él, regresemos a su jardín. ¿Queremos que cosas cambien para bien en nuestra vida, queremos ser prosperados, bendecidos? Es tiempo de regresar a él. Seamos esos árboles plantados en Dios, los cuales produzcan frutos dulces. Es tiempo de cambiar lo que producimos, es tiempo de que el Jardinero rocíe nuestras vidas de él plantemos nuestras vidas en él!

Oración
Dios, ayúdame a plantar toda mi vida en ti para dar buenos frutos en mi manera de vivir. Se mi Jardinero y ayúdame a dar fruto que sea agradable ti. En el nombre de Jesús. Amén.

Notas

_____

_____

_____

_____

Ahora mis ojos te ven
Leer: Job 42:5

Job atravesó por situaciones muy difíciles: perdió su familia, sus pertenencias, su salud, y aún sus propios amigos lo confrontaron. Job no comprendía lo que estaba pasando, pero al final pudo entender que la vid no basta de oír de Dios semanalmente sino de verle.

Es difícil entender lo que Dios hace con nosotros en los momentos más difíciles de nuestra vida. Nuestra mente se enfoca en tantas cosas, nuestro espíritu pareciera apagarse y tal parece que lo que un día oímos de Dios se olvida debido a la situación que estamos viviendo.

No olvides que lo que has escuchado de Dios te puede ayudar a buscarle y encontrarlo diariamente. Las situaciones difíciles en nuestra vida, las adversidades, son simplemente oportunidades para acercarnos a Dios, y verle. Por lo tanto, no dejes que las adversidades te nublen la vista para ver a Dios en medio de ellas.

Oración
Dios, enséñame a ver cada situación de mi vida por más difícil que parezca como una oportunidad para buscarte y verte. En Cristo Jesús. Amén.

Notas

_____

_____

_____

_____

Volviendo a la vida
Leer: Lucas 7:11-17

Leer siempre los evangelios es saber que algo va ocurrir cuando Jesús aparece en escena. Esta historia no es una excepción, pues nuevamente Jesús actúa. En la cultura judía los familiares y amigos del difunto acostumbraban caminar por la calle en forma de desfile cargando el féretro. Este hijo estaba muerto, todos se habían resignado a que había llegado la hora de sepultarlo. Sin embargo, Jesús hace el milagro de resucitarlo.

Mientras leía este pasaje, venía a mi mente la idea de cuántas veces no nos resignamos a que algo ha muerto. Creemos, y los demás creen que nada podrá cambiar, o que todo está perdido. Y junto con nosotros van a ese lugar de resignación en el que humanamente no podremos hacer nada. Esa es la realidad terrenal, pero también existe la realidad divina en donde resucitar algo si es posible. Cuando permitimos que Jesús camine a lado nuestro existe la esperanza que el hará cosas que nosotros no podremos hacer por nosotros mismos; tal como resucitar algo que había muerto. ¿Qué necesitas tú que Jesús resucite?

Oración
Dios, te pido que en cada paso que dé en mi relación contigo me ayudes a ver la realidad divina y no la terrenal, para creer que puedes dar vida a las cosas que tal vez han muerto en mi vida y que necesitan revivir. En Cristo Jesús. Amén.

Notas

_____

_____

_____

_____

Llegando a la meta

Leer: 2 Timoteo 4:7-8

Son las 10:00 de la mañana de un día sábado, ocho corredores en posición en la línea de salida, la adrenalina corre por sus cuerpos, el sudor se pasea lentamente por sus caras y sus oídos atentamente esperan el disparo de salida. Todos salen bajo el mismo objetivo, llegar a la meta. Seguramente has escuchado esto: el problema no es iniciar algo, sino terminarlo. La Biblia nos dice que Dios es el alfa y la omega, el principio y el fin. Un claro ejemplo es la creación, Dios nunca paso al siguiente día sin haber terminado el que inicio. La vida es un proceso de preparación para la eternidad, muchos flaquean y caen, otros se esfuerzan y buscan llegar a la meta. ¿De qué grupo eres tú? Como dije, la vida es una preparación para llegar a la eternidad. No es problema iniciarla, sino mantenerla hasta llegar a la meta. Dios está con nosotros para ayudarnos en este proceso, no nos desanimemos, por el contrario tomemos fuerza y continuemos hasta alcanzarla.

Oración

Dios, ahora que camino esta vida contigo, ayúdame a llegar a la meta cueste lo que cueste. En el nombre de Jesús. Amén.

Notas

_____

_____

_____

_____

ESPIRITU SANTO

Cuando hablamos del Espíritu Santo muchas veces, algunos se refieren a algo místico y vivencial. Recuerdo muy bien aquella ocasión a mis 20 años cuando en mi deseo por conocer sobre el Espíritu Santo asistí a una iglesia y el predicador pidió que pasáramos todos al frente. Ahí estaba yo parado, teniendo a todos detrás de mí, cuando de pronto él se para frente a mí y con una voz de trueno a una pulgada de mi oído me dijo: "recibe el Espíritu ¡recíbelo ahora!" y con su mano empujaba mi cabeza hacia atrás. Ya te has de imaginar mi deseo por conocer del Espíritu Santo después de esa experiencia.

Otras iglesias, prefieren simplemente no mencionar tanto al Espíritu Santo. Como aquella ocasión en que fui a predicar a una congregación y al finalizar el servicio un miembro se me acerca para decirme que era la primera vez en todo el año que, aunque el tema no era sobre el Espíritu Santo al menos se mencionaba en una predicación.

Personalmente crecí en una denominación en donde hablar del Espíritu Santo era muy limitado. Por lo que crecí sin tener mucho conocimiento sobre el tema. Con el paso de los años llegué a enseñar, y predicar sobre el Espíritu Santo, pero me faltaba algo, y eso era verlo como Dios mismo sosteniendo mi relación con él diariamente.

¿Quién es? El Espíritu Santo es Dios mismo. Creemos en la doctrina de la Trinidad: Dios Padre, Dios Hijo, y Dios Espíritu. La Biblia revela que Dios es Uno solo, sin embargo, desde Génesis hasta Apocalipsis se ha revelado en tres personas distintas.

En el Antiguo Testamento encontramos en el libro de Génesis que el Espíritu ya estaba activo en la creación.

"Dios, en el principio, creó los cielos y la tierra. La tierra era un caos total, las tinieblas cubrían el abismo, y el Espíritu de Dios se movía sobre la superficie de las aguas." Génesis 1:1-2 NVI

En el Nuevo Testamento el Espíritu aparece en el bautismo de Jesucristo.

"Tan pronto como Jesús fue bautizado, subió del agua. En ese momento se abrió el cielo, y él vio al Espíritu de Dios bajar como una paloma y posarse sobre él. Y una voz del cielo decía: «Este es mi Hijo amado; estoy muy complacido con él»." Mateo 3:16-17 NVI

La siguiente figura nos ayudará a entender que en la doctrina de la Trinidad, el Espíritu Santo es Dios.

El Hijo no es el Espíritu Santo. El Espíritu Santo no es el Padre. Por lo tanto, el Espíritu Santo es co-eterno, co-igual, y relacional con el Padre y el Hijo. Ya que es Dios mismo, el Espíritu Santo posee los mismos atributos del Padre y del Hijo. Todos sus atributos son usados en ayudarnos en nuestra relación con Dios. Esto hace que su participación a partir de esta etapa en la que te encuentras sea vital.

Nombres con los que se le identifica

En mis inicios me confundía mucho pues oía que hablaban del Espíritu Santo usando diferentes nombres. Ciertamente, hay muchos nombres con los que las Escrituras identifica al Espíritu Santo y es bueno conocerlos al estar iniciando nuestra relación con Dios, puesto que estar en una relación con Dios, es estar en relación con el Espíritu Santo. Entre algunos nombres con los que se identifica al Espíritu Santo están: el Espíritu de Dios, el Espíritu de Cristo, Consolador, el Espíritu de Adopción y el Espíritu de Verdad, y Sabiduría. Además de los nombres, las personas relacionan el Espíritu Santo con algunos elementos (que encontramos en la Biblia) tales como: el aceite, el fuego, las arras, poder, una paloma (en el bautismo de Jesús), viento y brisa.

El Espíritu Santo en la Biblia

En el Antiguo Testamento, el Espíritu de Dios venía sólo sobre los profetas, reyes o personas específicas elegidas por Dios. Además de eso, el Espíritu de Dios aparecía por un tiempo específico y luego desaparecía. En el Nuevo Testamento, el Espíritu es para todos y está en el mundo todo el tiempo. Vemos a través de la Biblia que Dios muestra su promesa por medio del Espíritu Santo de estar en relación con nosotros y en nosotros hasta que lleguemos a la eternidad.

"Y yo le pediré al Padre, y él les dará otro Consolador para que los acompañe siempre: El Espíritu de verdad, a quien el mundo no puede aceptar porque no lo ve ni lo conoce. Pero ustedes sí lo conocen, porque vive con ustedes y estará en ustedes." Juan 14:16-17 NVI

Ya no estamos en el tiempo del Antiguo Testamento para esperar a que el Espíritu venga sobre unos y otros no. Hoy el Espíritu vive (como dice Juan) con nosotros y en nosotros. Estas si son buenas noticias, pues es Dios mismo viviendo y teniendo relación con nosotros y en nosotros.

Nos acompaña

"Pero les digo la verdad: Les conviene que me vaya porque, si no lo hago, el Consolador no vendrá a ustedes; en cambio, si me voy, se lo enviaré a ustedes." Juan 16:7 NVI

Si tomamos el capítulo 14 y 16 de Juan encontramos que Jesús se refiere al Espíritu Santo como el otro consolador. Esto es porque unas de las definiciones de la palabra consolador son: 1) aquel que va con nosotros hombro con hombro ayudándonos; y 2) aquel que acompaña a uno ante el juez. En otras palabras, es nuestra compañía aquí en la tierra no sólo para estar con nosotros sino para también sostener, nutrir, fortalecer, y guiarnos en nuestra relación con Dios. Es la misma presencia de Dios aquí en la tierra teniendo relación con nosotros, ¿cómo no involucrarlo en nuestra vida? De tal manera que cuando vemos que el Espíritu Santo está con nosotros y en nosotros para mantenernos en relación con Dios, tu involucramiento con él será natural y necesario día a día. Su compañía nos ayudará a mantenernos en una relación activa con Dios mismo hasta llegar a la eternidad.

Nos hace testigos

Después de que Jesús introdujo el Espíritu Santo en Juan 14 y 16, dijo: "Pero, cuando venga el Espíritu Santo sobre ustedes, recibirán poder y serán mis testigos tanto en Jerusalén como en toda Judea y Samaria, y hasta los confines de la tierra." Hechos 1:8 NVI.

El Espíritu nos hace testigos. A algunos nos ha tocado ser testigos de algún incidente en la vida y si te ha pasado, estarás de acuerdo conmigo que nadie nos puede decir que no fue cierto, si nosotros mismos lo vimos y estuvimos ahí cuando sucedió. Con ese pasaje de Hechos, Jesús estaba diciendo que el Espíritu nos dará el poder necesario para ser testigos, esto es, testificar sobre Jesucristo a otros. De manera que otros puedan iniciar su propia relación con Dios como tú. Recuerda, la razón por la que tu iniciaste tu relación con Dios es porque hubo alguien que testificó de Jesucristo a una persona, y esa persona a otra, y esa otra persona tal vez te dio un folleto, o te habló de Cristo o te invitó a la iglesia; porque el Espíritu Santo es quien nos hace testificar a otros del amor de Dios, pero no sólo con nuestras palabras, sino también a través de nuestras buenas obras, siendo representantes de Cristo en el mundo.

Conclusión

Posiblemente estés un poco confundido con el tema del Espíritu Santo pero una de las mejores maneras para familiarizarte con él es involucrarlo en tu vida. Finalmente, él es Dios mismo viviendo y teniendo relación contigo y en ti. Entre más lo involucres en tu vida, más los nombres con los que se le ha identificado y lo que producen en nosotros comenzarán a evidenciar su presencia en nosotros. No esperes más, no estamos en el Antiguo Testamento, disfruta su compañía al continuar tu relación con Dios hasta la eternidad.

Acción

Presta atención cada vez que leas la Biblia, ores, cantes o estés fuera de casa y descubre qué tanto puedes encontrar del Espíritu Santo en esas actividades. Además, se mas consiente involucrándolo en tu relación con Dios.

Oración

Espíritu Santo, gracias por estar conmigo y en mí. Gracias por estar a mi lado. Ahora te pido que me ayudes a conocerte más, a sentirte a mi lado, y a convertirme en un testigo del evangelio. En Cristo Jesús, Amen.

PREGUNTAS DE REPASO

1. El Espíritu Santo es:
   a) El Hijo   b) El Padre   c) Nadie   d) Dios mismo

2. Describe todo lo que puedas sobre el Espíritu Santo según la sección de la figura de la Trinidad. El Espíritu Santo es Dios. El Hijo no es el Espíritu Santo. El Espíritu Santo no es el Padre. Por lo tanto, el Espíritu Santo es co-eterno, co-igual, y relacional con el Padre y el Hijo. Ya que es Dios mismo, el Espíritu Santo posee los mismos atributos del Padre y del Hijo, los cuales nos ayudan en nuestra relación con Dios.

3. Menciona los nombres con los que se identifica y relaciona al Espíritu Santo. El Espíritu de Dios, el Espíritu de Cristo, Consolador, el Espíritu de Adopción y el Espíritu de Verdad, y Sabiduría. Además personas relacionan el Espíritu Santo con algunos elementos (que encontramos en la Biblia) tales como: el aceite, el fuego, las arras, poder, una paloma, viento y brisa.

4. ¿Cuál es la función del Espíritu Santo en nuestra relación con Dios? Es nuestra compañía aquí en la tierra no sólo para estar con nosotros sino para también sostener, nutrir, fortalecer, y guiarnos en nuestra relación con Dios.

5. ¿Qué relación tiene el Espíritu Santo en la vida de la persona según Hechos 1:8? Nos dará el poder necesario para poder ser testigos, esto es, testificar sobre Jesucristo a otros.

Agenda de reunión
1) Saludo, breve conversación sobre su semana y oración inicial.
2) Revisar las respuestas de la sección "Preguntas de Repaso."
3) Dar un pequeño resumen del tema y responder posibles preguntas.
4) Recordatorio sobre leer el siguiente capítulo de este libro, hacer las preguntas de repaso y leer los devocionales de la semana.
5) Oración final.

EVANGELIZAR

Si eres nuevo en el camino de Dios, sé lo que estás pensando ¿qué es eso de evangelizar? Bien, permíteme explicarte.

La palabra evangelizar viene de la palabra *evangelio* que significa "buenas noticias".

Buenas noticias

Esto nos dice que el evangelizar es la acción de dar buenas noticias a la gente. Estas buenas noticias son:

1. Dios nos ama.
"Porque tanto amó Dios al mundo que dio a su Hijo unigénito, para que todo el que cree en él no se pierda, sino que tenga vida eterna."
Juan 3:16 NVI

2. Dios nos ama aún y cuando estábamos separados de El.
"pues todos han pecado y están privados de la gloria de Dios."
Romanos 3:23 NVI

3. Cristo murió en nuestro lugar.
"Pero Dios demuestra su amor por nosotros en esto: en que cuando todavía éramos pecadores, Cristo murió por nosotros."
Romanos 5:8 NVI

4. Cristo murió en nuestro lugar para ser hijos de Dios.
"Más a cuantos lo recibieron, a los que creen en su nombre, les dio el derecho de ser hijos de Dios."
Juan 1:12 NVI

5. Podemos ser nuevas personas en Cristo.
"Por lo tanto, si alguno está en Cristo, es una nueva creación. ¡Lo viejo ha pasado, ha llegado ya lo nuevo!"
2 Corintios 5:17 NVI

Dios espera que compartamos las buenas noticias

"Por tanto, id, y haced discípulos a todas las naciones, bautizándolos en el nombre del Padre, y del Hijo, y del Espíritu Santo."
Mateo 28:19 NVI

Como vemos Jesús espera que cada creyente evangelice, no es una opción, sino un mandato. Pues de la misma manera, que alguien obedeció este mandato para que hoy conozcamos de Él, nosotros tenemos que obedecerlo también para que así otros conozcan de él.

Dar buenas noticias es también dar tu testimonio, es decir, mostrar con tu vida y no con palabras, lo que Dios ha hecho en ti (esto también forma parte de las buenas noticias).

Preparación para evangelizar

Para evangelizar es necesario estar en contacto con otras personas, para eso te pregunto ¿cuál fue la última persona que visitaste o te encontraste? ¿cuál fue el tema de conversación? Evangelizar involucra esas dos cosas; estar en contacto con alguien y platicar.

Enseguida te daré cuatro pasos prácticos para evangelizar:
1. Identifica a una persona y ora por ella
2. Agenda una visita
3. Háblale de Cristo
4. Invítala a una reunión de iglesia o estudio bíblico

Pero aún y cuando lo ideal es visitar a alguien, esto no significa que tú no puedas evangelizar vía telefónica o a través de las redes sociales.

Conclusión

Evangelizar realmente es muy sencillo sólo necesitas encontrarte con alguien, hablarle a esa persona de lo que conoces de Cristo e invitarla a la iglesia. Recuerda, Dios espera que tú compartas las buenas noticias que una vez tú recibiste.

Acción

Has lo que puedas para compartir las buenas noticias a los que están a tu alrededor, niños, jóvenes y adultos ¡no te canses de alcanzar a otros!

Oración

Dios, gracias por la oportunidad de conocerte, pon personas en mi camino que necesiten de ti, quita todo miedo u obstáculo que me quiera impedir compartir las buenas noticias. En Cristo Jesús, Amen.

PREGUNTAS DE REPASO

1. ¿Qué significa la palabra "evangelizar"?
Significa "buenas noticias.

2. Las buenas noticias son:
Dios nos ama
Dios nos ama aún y cuando estábamos separados de Dios
Cristo murió en nuestro lugar
Cristo murió en nuestro lugar para ser hijos de Dios
Podemos ser nuevas personas en Cristo

3. ¿Qué me invita a hacer Mateo 28:19?
A ir y hacer discípulos.

4. ¿Cuáles son los cuatro pasos prácticos para evangelizar?
        1. Identifica a una persona y ora por ella
        2. Agenda una visita
        3. Háblale de Cristo
        4. Invítala a una reunión de iglesia o estudio bíblico

5. ¿Qué me llamo más la atención de este tema?

Agenda de reunión
1) **Saludo, breve conversación sobre su semana y oración inicial.**
2) **Revisar las respuestas de la sección "Preguntas de Repaso."**
3) **Dar un pequeño resumen del tema y responder posibles preguntas.**
4) **Recordatorio sobre leer el siguiente capítulo de este libro, hacer las preguntas de repaso y leer los devocionales de la semana.**
5) **Oración final.**

Clamor al cielo
Leer: 2 Crónicas 32:9-23

Al leer este pasaje nos damos cuenta que Senaquerib rey de los Asirios vino a Jerusalén a invadirla, ante esto el rey de Jerusalén Ezequías, junto con el profeta Isaías oraron y clamaron al cielo. Tenemos que estar de acuerdo que hay batallas que no son nuestras. Con todo y nuestra capacidad, inteligencia, recursos, llegamos al punto que hay batallas en la vida que no sabremos cómo ganarlas. Quizás en este preciso momento de tu vida la batalla que estás atravesando es la enfermedad, o a lo mejor alguna crisis financiera, qué decir de la envida que otros tienen hacia ti. Batallas...batallas...batallas. Ezequías se dio cuenta que él y su pueblo no podían ganarla si no recurrían a algo en particular: Clamar a Dios ¡orar! Y el resultado fue que Dios peleó por ellos, y obtuvieron la victoria.
Así que ¿por qué no clamar en la batalla que enfrentes?

Oración
Dios, en vida tendré muchas batallas, pero ayúdame a clamar a ti por mas dura que sea la batalla que enfrente. En Cristo Jesús. Amén.

Notas

_____

_____

_____

_____

Vale la pena subirlo

Según Éxodo 34, Moisés permaneció en el monte 40 días y 40 noches sin comer, ni beber. Moisés permaneció esa cantidad de días porque era Dios el que estaba en el monte. Moisés se encontró en el monte, no solo, sino en un campamento VIP con Dios, en una cita con la presencia de Dios por 40 días. Al bajar del monte el pueblo podía ver la claridad de la presencia de Dios reflejada en Moisés. Esto significa que entre más tiempo pases a solas con Dios más reflejaras su presencia y otros lo notaran. Mi pregunta es, ¿Qué es lo que estás reflejando cada día a través de tu vida? Lo que refleja tu vida está en función del tiempo que pasas con Dios. Moisés pasó 40 días delante de la presencia de Dios en donde Dios le dio los 10 mandamientos, en donde Dios se reveló a Moisés, en donde Dios cambió el semblante de Moisés físicamente. ¡Cuando Moisés subió al monte algo sucedió, algo aconteció que no sólo impactó su vida sino la vida de los demás! No importa cómo subas, lo que importa es cómo bajarás. Yo no sé qué es lo que estás esperando que acontezca en tu vida, o qué suceda en alguna petición personal, u ocurra en algún familiar o amigo. No sabré lo que estás esperando que acontezca en tu vida pero lo que si sé es lo que tienes que hacer y eso es subir a la hermosa presencia de Dios. Realmente vale la pena subir.

Oración

Dios, me comprometo en este momento a subir ese monte para estar en tu presencia para que cuando baje otros puedan ver que reflejo mi relación contigo. En Cristo Jesús. Amén.

Notas

_____

_____

_____

_____

Se un testigo

"Ustedes son mis testigos-afirma el Señor." Isaías 43:10 RV1960

"Pero, cuando venga el Espíritu Santo sobre ustedes, recibirán poder y serán mis testigos tanto en Jerusalén como en toda Judea y Samaria, y hasta los confines de la tierra." Hechos 1:8 NVI

Ser testigos la verdad es una declaración que no sólo aparece en el Nuevo Testamento sino en el Antiguo también. Dios nos está diciendo por medio de estos dos pasajes que nosotros somos sus testigos.

Un testigo es partícipe de un acontecimiento al ver lo que ocurrió. Inclusive un testigo llega a hablar de lo que ocurrió.

¿De cuántas cosas Dios nos ha hecho partícipes hasta el día de hoy? Enuméralas, pues el siguiente paso es ir a testificarlas a los demás.

Oración

Dios tú me has hecho un testigo, y como testigo hablaré a otros de lo que has hecho en mi vida para que otros sepan de todas esas cosas en las cuales me has hecho testigo. En Cristo Jesús. Amén.

Notas

_____

_____

_____

_____

El Libro

En 2 Reyes 22:1-20 encontramos el hallazgo de algo importantísimo para el pueblo. El libro había estado perdido por mucho tiempo, a parte olvidado. Creo que lo peor de todo esto fue los graves errores que se cometieron por no tenerlo en su poder. De lo que estoy hablando es del hallazgo del libro de la ley. El pueblo de Dios, aquellos responsables de mantener el pacto y mandatos de Dios habían olvidado el libro de la ley. Increíble ¿no es cierto? Cuando vemos esta historia surgen preguntas como: ¿Quién fue el culpable de olvidar el libro? ¿Cómo pudieron alejarse de lo que el libro decía?

Sucede que en ocasiones olvidamos físicamente el libro de Dios, la Biblia. Aún, físicamente podemos perderlo entre ropa, y otros libros en nuestra habitación o inclusive lo dejemos a un lado debido a tantas ocupaciones. No permitas que eso ocurra, toma la Biblia y léela. Conoce qué en ella hay grandes principios para vivir una vida que agrada a Dios y alineé nuestro caminar con él.

Oración

Dios, no dejaré que me suceda lo que le sucedió al pueblo de Judá, desde ahora hago un compromiso, y me esforzaré a leer la Biblia y no olvidarla. En Cristo Jesús. Amén.

Notas

_____

_____

_____

Instrucciones finales para el facilitador:
⇒ Intencionalmente motivar a la persona a ir a CRECE e inclusive asistir con ella a la primera clase de crece para darle confianza.
⇒ Orar por el crecimiento de ella ahora que estará pasando a Crece.
⇒ Iniciar Génesis con una nueva persona.

CONCLUSION

¿Recuerdas este pasaje que mencione en la introducción?

"Pero, si desde allí buscas al Señor tu Dios con todo tu corazón
y con toda tu alma, lo encontrarás".
Deuteronomio 4:29 NVI

Sé que no es una coincidencia que en esta etapa de tu vida hayas deseado buscar de Dios. Mi oración es que hayas iniciado tu relación con Dios y estés disfrutándola al máximo. Pero, todavía hay más, pues los temas que hemos visto hasta hoy son solamente el génesis, es decir, el principio en tu relación con Dios. La estación que ahora sigue, es crece. ¡*Crece* es una serie de temas que te ayudarán a crecer en tu fe y tu relación con Dios!

A continuación estos son los temas de *Crece*:

Oración	Aprenderás a desarrollar una vida de oración.
Biblia	Descubrirás como estudiar la Biblia y hacer tu propio devocional.
Congregarse	Podrás entender la importancia de reunirnos en comunidad.
Cómo compartir mí fe	Aprenderás a compartir con otros sobre Dios de manera simple y práctica.
Sacramentos	Conocerás lo que son los sacramentos del Bautismo y la Santa Cena, y la manera en que Dios obra a través de ellos.

Ahora que has concluido *Génesis* esfuérzate por estar activo en tu discipulado personal (congregándote, sirviendo, siendo generoso) y relación con Dios.

¡Muchas felicidades por concluir *Génesis*!

Ahora, prepárate para *Crece*, no dejes que nada ni nadie te detenga en tu ruta.

Usa la siguiente imagen para ubicar la estación que concluiste
y la que sigue.

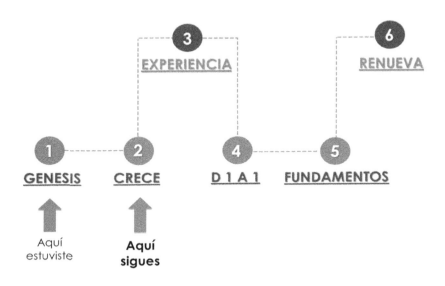

A medida que las personas son guiadas a través de la ruta, ellas
llegarán a un lugar donde deberán tomar la decisión de responder a la
gracia de Dios al encontrarse en su camino con:

1) La gracia preveniente de Dios [*Génesis*]

2) La gracia justificadora [*Génesis*, *Crece* y *Experiencia*] y

3) La gracia santificadora [*D1to1*, *Renueva* y *Fundamentos*].

Oración final

Made in the USA
Monee, IL
04 August 2021